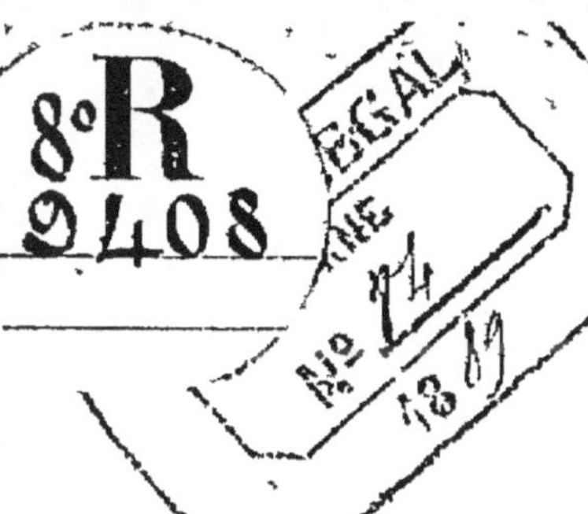

ŒUVRE

DES

LIBÉRÉES

DE

SAINT-LAZARE

FONDÉE EN 1870

RECONNUE D'UTILITÉ PUBLIQUE PAR DÉCRET DU 26 JANVIER 1885

PRIX : 3 FRANCS

VENDU AU PROFIT DE L'ŒUVRE

AU SIÈGE DE LA SOCIÉTÉ

28, place Dauphine, 28

EN FACE LA STATUE DE HENRI IV, PONT-NEUF

1889

L'ŒUVRE DES LIBÉRÉES
DE
SAINT-LAZARE

Il a été tiré, sur papier spécial, deux cents exemplaires numérotés, avec illustrations par Léonide BOURGES.

ŒUVRE

DES

LIBÉRÉES

DE

SAINT-LAZARE

FONDÉE EN 1870

RECONNUE D'UTILITÉ PUBLIQUE PAR DÉCRET DU 26 JANVIER 1885

PRIX : 1 FRANC

ALENÇON

IMPRIMERIE TYPOGRAPHIQUE F. GUY

11, RUE DE LA HALLE-AUX-TOILES, 11

1889

PATRONAGE GÉNÉRAL DES FEMMES LIBÉRÉES

PRÉVENUES OU ACQUITTÉES

ASILES TEMPORAIRES POUR FEMMES ET ENFANTS

SERVICES

Dépôt de la Préfecture. — Prisons de Nanterre, Doullens, etc.

BUREAU DE L'ŒUVRE

28, place Dauphine

En face de la statue d'Henri IV, Pont-Neuf.

Ouvert chaque matin, de 9 heures à 11 heures, et, en outre, le mardi et le vendredi, de 2 à 4 heures.

DIRECTRICE GÉNÉRALE

Mme ISABELLE BOGELOT

SECRÉTAIRE GÉNÉRAL

M. JULES MANSAIS

Référendaire au Sceau de France.

RÉCOMPENSES DÉCERNÉES A L'ŒUVRE

En 1872. — Une couronne civique de la Société d'Encouragement au bien.

En 1872. — Un prix, fondé par madame la baronne de Saint-Quentin, *en faveur d'une œuvre ayant pour but d'améliorer les mœurs.*

En 1878. — Médaille d'argent du Ministère de l'intérieur (section des Documents pénitentiaires), à l'Exposition du Trocadéro.

En 1887. — Médaille du Congrès pénitentiaire de Rome offerte par le gouvernement italien.

Au nom des familles secourues et consolées. — Merci à toutes les personnes qui se sont intéressées au sort de ces malheureuses et qui ont contribué au développement et à la prospérité de l'Œuvre.

La Direction.

5 Mai 1889.

AU LECTEUR

C'est pour faire connaître au public les origines, le fonctionnement et les aspirations de « l'Œuvre des Libérées de Saint-Lazare » que Madame A. Valette, membre de l'Œuvre, a bien voulu rédiger les pages qu'on va lire. Mlle Léonide Bourges s'est chargée gracieusement des illustrations. Nous offrons à l'une et à l'autre nos sincères remerciements.

Que ceux qui liront ces lignes viennent à nous, qu'ils nous apportent le concours de leur bonne volonté et de leur influence, et, même, de leur bourse. Ils feront œuvre utile ; car chaque libérée sauvée, c'est peut-être une ennemie de moins pour la fortune et la santé publiques.

Pour le Conseil d'administration :

La Directrice,

ISABELLE BOGELOT.

I

HIER ET AUJOURD'HUI. — L'ŒUVRE. — SON BUT. — SES MOYENS D'ACTION.

I

Hier et aujourd'hui. — L'Œuvre. — Son but. — Ses moyens d'action.

« Il y a des hasards dans la vie qui ne sont peut-être que l'accomplissement de lois encore inconnues (1), » a dit un de ces grands esprits femmes, tels qu'il était donné à notre siècle d'en voir surgir.

C'est, certainement, un de ces hasards qui devait, un jour, conduire les pas de la directrice de l'Œuvre au centre du vieux Paris, à la pointe occidentale de l'Ile, dans cette maison à façade séculaire, tournée sur le Pont-Neuf, et qui, extérieurement au moins, n'a pour elle que son passé historique et son heureuse situation.

(1) Discours de Mme de Morsier. Voir le *Bulletin* de 1884.

Au dehors, en effet, peu de différence entre hier et aujourd'hui : — la même rigide architecture, le même toit en retrait, les mêmes murailles noircies, percées de hautes fenêtres, — cadre étroit, ouvert sur cet immense cadre : « les vastes déserts du ciel, sa voûte superbe, azurée, magnifiquement dessinée, depuis le levant bleuâtre, loin, derrière le Pont-au-Change, jusqu'au couchant, dorée d'une brillante couleur aurore derrière les arbres du Cours et les maisons de Chaillot (1); » tandis qu'en bas, toujours, la même misère hâve, farouche ; toujours, les mêmes ténèbres épandant leurs grandes ombres par les mille sillons de la Ville-Lumière !

La même misère ?

Les mêmes ténèbres ?

L'expression est, à vrai dire, un peu hyperbolique : car la philanthropie n'est pas restée en arrière du mouvement évolutionniste qui caractérise ce siècle ; car là, précisément,

(1) Mme Roland : *mes Mémoires*.

dans cette maison où Manon-Phlipon, plus tard Mme Roland, a commencé cette vie d'action qui allait se poursuivre à travers le drame d'une révolution gigantesque et ne trouver d'entrave que dans la mort, une femme — autrement mais non moins militante — devait, un siècle plus tard, avec les seules ressources de son intelligence et de son cœur, réussir à créer un foyer de réfection d'où rayonneraient chaleur et lumière jusque par-delà l'enceinte plusieurs fois reculée de la grande ville.

Quiconque en veut la preuve monte, de deux à quatre, le mardi, l'escalier étroit qui s'arrête au troisième étage de la vieille maison. La porte hospitalière, à sa demande, s'ouvrira et une femme aux cheveux blanchis prématurément — ce que révèle la flamme intérieure qui perce à travers le regard très doux — l'accueillera. Cette femme, c'est Mme Isabelle Bogelot, directrice actuelle et âme de ce foyer, qui, mieux que toute autre, peut renseigner sur l'origine, le but et le fonctionnement de la Société.

A ce voyageur curieux du bien fait et à faire, elle répondra par exemple qu'une femme encore, Mlle Pauline de Grandpré (1), nièce de l'abbé Michel, aumônier de Saint-Lazare et promoteur de l'Œuvre, a présidé à sa fondation. C'était en 1870 : la guerre, l'invasion, jetaient alors les esprits dans une perturbation profonde. N'importe ! Qui sait vouloir ne connaît point d'obstacles. L'Œuvre vit donc le jour et subsista en dépit des heures sombres. Jusqu'en 1883, Mlle Pauline de Grandpré en garda la direction ; mais, à cette époque, elle se retira à la campagne, laissant en mains fidèles son précieux dépôt. C'est alors que Mme de Barrau devint directrice de l'Œuvre, ayant à côté d'elle, comme directrice adjointe, Mme Isabelle Bogelot à qui, désormais, incombera tout le poids du service actif; aussi, quand, en 1887, Mme Isabelle Bogelot arrive à la direction, rien, de fait, n'est

(1) Voir pour plus de détails l'article de M. Maxime du Camp dans la *Revue des Deux Mondes* du 15 mars 1887.

changé dans ses attributions : elle n'a, en réalité, qu'un titre de plus.

Nous savons tous ce que c'est qu'une prisonnière, une ignorante bien plus qu'une coupable, victime avant tout des injustices sociales ; mais, savons-nous ce qu'est la prisonnière à Saint-Lazare ?

Il y a quelques mois encore, la maison de Saint-Lazare, l'unique prison pour les femmes, dans le département de la Seine, enfermait, entre ses vieilles murailles, toutes les femmes arrêtées à Paris ou dans la banlieue sans distinction d'origine et quelle que fût la faute commise. On trouvait donc dans son enceinte : 1° à la première section, des prévenues et des condamnées de droit commun, — seules, les condamnées à plus d'un an étant envoyées, après jugement, dans les maisons centrales, c'est-à-dire dans les prisons de femmes, en province ; 2° catégorisées dans la seconde section, les femmes et les filles qui n'ont de ressources que dans la prostitution ; 3° réparties enfin dans la troisième section, les jeunes filles de moins de seize ans, arrêtées sous l'accusation de mendicité, de vagabondage ou d'inconduite précoce.

Ainsi donc, « sous le même toit, entre les « mêmes murailles, dans le même air, remarque « M. Maxime du Camp (1), sont enfermées « les prévenues — les détenues — les filles « publiques en punition administrative, — les « filles mineures gardées à la correction « paternelle en vertu d'un jugement ou d'une « ordonnance du président du tribunal de pre- « mière instance, — quelques vieilles femmes « reçues en hospitalité. Ce n'est pas tout. L'infir- « merie est un lazaret, on y conserve en quaran- « taine, et jusqu'à guérison, certaines femmes « atteintes de maladies contagieuses. »

Quelle femme entrée là, malade seulement, n'en serait sortie contaminée jusqu'à la moëlle, moralement parlant, entendons-nous ?

Enfin, des réformes longtemps attendues ont apporté une amélioration de bon augure dans le système pénitentiaire.

(1) *Revue des Deux-Mondes*, 15 mars 1887.

Désormais, la maison de Saint-Lazare sera exclusivement affectée aux prostituées en traitement médical ou détenues administrativement; les femmes prévenues ou condamnées à une peine n'excédant pas deux mois, seront enfermées à la maison de Nanterre; les femmes condamnées à des peines variant de deux mois à un an, seront détenues à la maison de Doullens, jusqu'à ce que le département de la Seine ait pu faire construire une prison pour les malheureuses soumises à une courte peine.

Les enfants ne seront plus envoyés au dépôt, les petites filles, mendiantes ou vagabondes, seront détenues dans un quartier spécial de la Conciergerie. Pareillement, les petits garçons en dépôt seront transférés dans un quartier spécial de la Roquette. Les enfants abandonnés seront placés d'office dans des établissements de bienfaisance. Les contrevenants et contrevenantes, au lieu d'être envoyés au dépôt ou à Saint-Lazare, iront, les uns, dans un quartier spécial de la petite Roquette; les autres, dans un quartier spécial de la Conciergerie.

Malgré ces déplacements, la Société n'en poursuit pas moins le but initial qu'elle s'était proposée : *préserver la femme en danger de se perdre et fournir aux libérées, sans distinction de culte ni de nationalité, le moyen de se réhabiliter*. Ce double programme : *préservation et relèvement*, l'œuvre en a fait, à cette heure, une indéniable réalité, grâce aux moyens d'action qu'a su lui fournir une intelligente et ferme direction et qui sont de deux ordres : ordre moral, ordre matériel ou physique, ainsi qu'on en va juger : visites à la prison, visites au dépôt, démarches, conseils ; secours au secrétariat : distribution de vêtements, de bons alimentaires, avances de loyer, etc. ; séjour à l'asile, patronage des libérées ; cotisations, dons, subventions. Notons, en passant, un fait qui ressortira, d'ailleurs, à chaque page de ce travail, c'est que l'aide morale, loin d'être la moins importante est la plus féconde, au contraire, en résultats ; à tel point que deux dames déléguées par le Conseil d'administration ayant été agréées, en 1883, par M. le Préfet de police, pour visiter les détenues, M. Mansais, secrétaire de l'œuvre, a pu dire, sans la moindre exagération : « C'est la plus belle subvention que vous donne l'autorité. (1)

Et, en effet, par ce moyen des visites à la prison, les dames patronesses entrent en relation directe avec la prisonnière ; et, d'avance, et, de loin, elles *prévoient* et préparent sa rentrée dans la vie normale.

Elles *prévoient*...

Combien de choses en ce seul mot !

C'est le vêtement convenable pour la femme ou la fille honteuse, vêtue de guenilles et qui, pour cette raison, n'est nulle part *présentable* ; c'est le toit assuré pour cette autre dont la santé est compromise et à qui le travail n'est pas permis encore ; c'est la famille pitoyable qui consent à recevoir au foyer l'enfant inexpérimentée que l'exemple et ce mot magique « Paris » ont entraînée ; c'est l'apprentissage pour la fillette abandonnée ou orpheline à la-

(1) *Bulletin* de mars 1885.

quelle il procurera le gagne-pain, en même temps qu'il la garantira contre l'armée du vice et par suite la prison; c'est une place honnête qui permettra à une fille-mère d'élever son enfant; c'est un lit d'hôpital pour une malheureuse que la mort guette et qui ne devra son retour à la vie qu'aux soins reçus précisément à l'heure psychologique, ce sont les portes de l'asile de Villers-Cotterets — le château, ainsi que disent les bonnes femmes — grandes ouvertes à une pauvre octogénaire à qui l'âge ne permet plus le travail. Dans un autre ordre d'idées, c'est l'apaisement en ces natures dévoyées qui, dès le berceau, ont bu à ces deux sources empoisonnées, l'injuste et l'immoral, et dont le cœur n'a connu, du sentiment, que la haine qui mène à la révolte; c'est l'espérance remplaçant le fatal découragement ou la morne résignation, et qui sait? la Seine ou le trottoir peut-être épargné à plus d'une; c'est la volonté réveillée qui, seule, permet d'affronter et de soutenir la responsabilité de la liberté reconquise; c'est, en un mot, le moral réconforté et relevé par le physique soumis à des conditions meilleures.

Ainsi, la Société suit, dans sa marche ascendante, la science; car, en faisant de la préservation, elle ne fait ni plus ni moins que de l'hygiène morale et physique.

C'est en 1887 que furent inaugurées les visites au Dépôt, non moins efficaces que les visites à la prison. Combien de femmes, injustement écrouées, ont bénéficié de l'ordonnance de non-lieu qui les met à l'abri du *casier judiciaire*, grâce à une apparition de la directrice ou de la secrétaire de l'Œuvre !

Je n'en veux pour exemple que le fait suivant :

Certain jour, au Dépôt, les sœurs disent à ces dames :

— Il n'y a rien pour vous aujourd'hui.

— Personne à aider, personne à consoler? reprend la directrice. C'est étrange !

Toutefois, un secret instinct la pousse à s'attarder quelque peu; puis, je ne sais quelle inspiration lui venant :

— Voyons ici, fait-elle à sa secrétaire. Et elle ouvre un guichet. Une femme qui lui répond avec indifférence, confirme le dire de la sœur.

— Rien à faire, en effet, pense la directrice.

Mais, au même instant, du fond de la cellule, partent des cris étouffés, et une femme, les traits convulsionnés, l'œil hagard, la voix étranglée par les sanglots, s'avance suppliante :

— Ah ! Madame, aidez-moi, je vous en conjure.

Or, voici ce que la directrice, à grand'peine, comprend au milieu de ses larmes.

Le mari, qui voyage pour le commerce, est, en ce moment, à cent lieues de Paris. Elle, la mère, vit avec ses deux filles, l'une de dix-sept ans, l'autre de six, à F***, où elle exploite une carrière de grès. Mais ce genre de commerce est peu fait pour une femme seule. Elle s'en rend compte, obtient de son mari une procuration qui lui permet de vendre et remet le fonds à un individu moyennant 2.000 fr. de valeurs. Hélas ! Au moment où il s'agit pour elle de réaliser ces valeurs, on lui dit que la Société qui les a émises n'existe plus et on lui rit au nez.

Vite, elle court à Paris, voit un agréé qui lui conseille d'aller chez le commissaire de police afin de se procurer l'adresse de l'acheteur; malheureusement pour elle, le commissaire est absent et un jeune homme de vingt ans le remplace. Affolée, la pauvre femme lui conte sa mésaventure, et, s'emportant à son propre récit, a l'imprudence de s'écrier: « Ah! le coquin! Il faudra bien que je le retrouve. Je crois que, si je le voyais, je le tuerais. »

— Vous le tueriez ? Madame, s'exclame le jeune suppléant tout fier de jouer un rôle. Eh bien, moi, je vous arrête pour *menaces de mort sous condition.* »

On traîne la malheureuse au poste et du poste au Dépôt. Facilement on comprend en quel état elle se trouvait. Venue à Paris pour y chercher aide et protection, elle se voit tout à coup arrêtée, jetée en prison. Pendant ce temps, ses filles attendent... ne sachant qu'imaginer, à qui recourir. Il y avait de quoi devenir folle. Et si pourtant la Directrice n'avait pas paru au Dépôt ce jour-là, si elle ne s'était point obstinée !.....

Bref, ces dames courent chez le Directeur qui les adresse au parquet. C'est qu'il n'y a pas de temps à perdre si l'on veut empêcher l'affaire d'aller à l'instruction, ce qui équivaudrait à huit ou dix jours de prévention.

Enfin, l'ordre de la mise en liberté arrive, qui rend au bonheur une mère et ses deux filles.

Une autre fois, c'est une brave femme de soixante ans qui ramène à Paris un nourrisson. La mère lui doit cent soixante francs. Autant dire qu'elle n'a jamais ou presque jamais payé. La pauvre vieille ne pouvant davantage supporter cette charge, obtient par l'intermédiaire du maire de l'endroit, le voyage gratuit, voyage d'aller, cela va sans dire. La mère, nécessairement, payera le billet de retour, on le croit du moins ; mais la mère ne paye rien; ni mois de nourrice ni voyage de retour, si bien que la malheureuse femme est trouvée à la gare pleurant et ne sachant que devenir. On la conduit au dépôt et elle est signalée à l'attention des dames visiteuses. La secrétaire est chargée des démarches, et, quelques jours plus tard, la brave vieille est reconduite au chemin de fer et rentre chez elle gratuitement, grâce à l'intervention de l'œuvre des Libérées. Les deux ou trois jours qu'a duré l'enquête, elle les a passés dans l'un des deux asiles dont nous aurons bientôt l'occasion de parler. La semaine suivante, une grosse écriture tremblée arrivait du pays, à l'adresse de la directrice :

Madame,

Je suis heureusement arrivée et j'ai trouvé tout mon monde en bonne santé parce que, heureusement, tout le monde s'en était occupé. Je vous remercie beaucoup de toutes les bontés que vous avez eues pour moi. J'ai été bien heureuse de vous trouver pour me tirer d'embarras.

Recevez, etc., etc.

Pour rendre cette pauvre vieille aux joies de

la famille, qu'avait-il fallu ? En réalité, peu de chose : une visite au dépôt, deux ou trois nuits à l'asile, quelques démarches de la part de la secrétaire, un mince débours, timbres, voyages. Mais, ce peu de chose, le fallait-il savoir mettre en valeur. C'est pourquoi nous n'hésitons pas à proclamer, avec Mme Isabelle Bogelot, qu'une œuvre philanthropique doit être conduite, *administrativement*, comme une maison de commerce et, *moralement*, comme les relations du monde.

On a pu déjà s'en rendre compte, l'argent n'est, en aucun cas, le facteur décisif, essentiel, des sauvetages opérés par l'Œuvre. C'est que celles qui y pourvoient ont compris que le secours procuré sous cette seule forme « argent » n'est toujours que l'aumône dégradante, stérile, propre uniquement à engourdir les volontés, à éteindre le sentiment de la responsabilité vis-à-vis de soi-même, à obscurcir la conscience au point qu'elle ne fait bientôt plus la différence entre ces deux termes : *droit* et *devoir*.

Toutefois, on ne peut arriver à donner moins de place à l'élément « argent » qu'à condition de le remplacer par quelque autre, le temps, la bonne volonté, le travail, par exemple. Ces facteurs d'ordre nouveau, c'est au *secrétariat* que nous allons aller les chercher.

II

LE SECRÉTARIAT. — SERVICES DIVERS. — STATISTIQUE

II

Le secrétariat — Services divers. — Statistique.

C'est, en effet, place Dauphine, n° 28, au *secrétariat*, que nous allons rencontrer, utilisés aux mieux des intérêts de l'Œuvre, ces trois indispensables facteurs : *le temps, la bonne volonté, le travail.*

Il semble, en vérité, que la Directrice, en faisant choix de cet endroit, se soit inspirée des belles paroles de Gounod : « l'homme doit faire la terre qu'il habite, éclairant toujours le réel d'un certain idéal. » (1) car si l'appartement est modeste — une salle d'attente avec une longue table et des bancs, un salon pour les dames patronnesses, avec une bibliothèque, un bureau, des souvenirs aux murs, deux

(1) Discours à l'Académie : *la Nature et l'Art.*

chambrettes étroites, lambrissées, avec beaucoup, beaucoup d'armoires, — on ne peut lui refuser un côté pittoresque dû à l'agencement des lieux, au contraste des temps, non moins qu'à son exceptionnelle situation.

Cette situation, précieuse à divers points de vue, a surtout l'avantage d'épargner le temps.

Etape première de la libérée qui rentre dans la vie normale, le secrétariat, ainsi placé, est bien véritablement le centre de tous les rouages administratifs nécessaires au bon fonctionnement de l'Œuvre.

Ainsi, nous trouvons dans son voisinage immédiat :

Le dépôt de la Préfecture où, depuis le mois de décembre 1886, les dames patronnesses ont l'autorisation d'entrer;

Le petit parquet qui, de lui-même, appelle la sollicitude de l'Œuvre sur telle ou telle infortune qui lui paraît intéressante;

La Conciergerie où seront détenues à l'avenir les petites filles mendiantes ou vagabondes et contrevenantes;

La Préfecture de police, qui accorde les permis de séjour aux libérées patronées par l'Œuvre, ce qui leur permet d'attendre qu'on leur ait trouvé une place ou du travail dans une ville de province qui ne leur est pas étrangère;

Le bureau où se délivrent les passeports et les feuilles de route pour les vieilles femmes et les expulsées;

L'Assistance publique, dont l'aide n'a jamais fait défaut pour le placement des enfants assistés et des filles-mères.

C'est au secrétariat que filles ou femmes libérées se présentent à la sortie de la prison, avons-nous dit. Il est, pour la plupart, en effet, le refuge suprême, la condition *sine qua non* du sauvetage.

S'imagine-t-on la situation d'une de ces malheureuses au delà du seuil qu'elle vient presque à regret de franchir? Nul foyer qui l'attende; sa masse, si elle en a une, est insignifiante; ses vêtements sont usés, à peine la préservent-ils du froid! Dans un dénûment aussi complet, comment se présenter quelque part? D'ailleurs, il faudrait avouer d'où l'on sort. Il y a bien le « retour au pays »; mais il faut pour cela de l'argent, en admettant même que la honte n'empêche pas d'y songer. Et, tandis que la pauvre femme angoissée regarde autour d'elle comme pour appeler à l'aide, une protection indigne, guette l'heure du péril pour la rejeter à la rue, partant à la prison.

La rejeter à la rue?

Non plus aujourd'hui que le secrétariat est là, avec ses services divers, ses modes de secours appropriés aux mille misères qui le viennent solliciter.

Au secrétariat, les femmes et les enfants trouvent les vêtements qui leur manquent.

Au secrétariat, sont délivrés les bons de nourriture représentant le secours immédiat.

Au secrétariat, les dames patronesses se partagent les courses à faire pour les enquêtes, les lettres à écrire dans un but de réconciliation ou pour hâter les formalités d'un mariage qui régularise la situation d'une mère de famille honnête.

Au secrétariat, se donnent les adresses et les renseignements pour le placement des apprenties, des ouvrières et des domestiques.

Au secrétariat enfin, se décide la marche à suivre pour obtenir, aux femmes âgées, leur entrée dans les maisons de retraite; aux malades, un lit dans un hôpital; ou encore l'enquête sérieuse qui toujours précède un secours d'une certaine importance.

Du reste, toutes les fois qu'une femme se présente, son nom et son état civil sont inscrits sur un registre d'enquête; à côté, une courte notice résume en quelque sorte sa vie. Ainsi, il sera toujours possible de retrouver les antécédents de la « cliente » que l'on revoit parfois au Dépôt ou qui, d'elle-même, revient vers l'Œuvre. Si c'est en hiver que la malheureuse se présente, transie, à peine vêtue, un bon feu la réchauffe pendant qu'on cherche un vêtement qui lui convienne dans les armoires toujours pleines, grâce à la générosité de nombreux donateurs. De ce chef, nous pouvons signaler 1,642 pièces d'habillement et meubles reçus en la seule année 1886.

Il peut être intéressant, d'ailleurs, de mettre en regard quelques chiffres.

Année 1885

2.195 femmes se sont présentées au secrétariat.

208 y ont été secourues plusieurs fois.

11.939 jetons et bons de nourriture ont été délivrés.

788 pièces d'habillement ont été distribuées.

1.129 fr. ont représenté le secours *argent*.

Année 1886

1.412 femmes se sont présentées au secrétariat.

216 y ont été secourues plusieurs fois.

4.458 bons de nourriture et de fourneaux ont été délivrés.

1.143 pièces d'habillement ont été distribuées.
1.351 fr. ont représenté le secours *argent.*

Année 1887

897 femmes se sont présentées au secrétariat.
115 y ont été secourues plusieurs fois.
1.631 bons de nourriture et de fourneaux ont été délivrés.
1.043 pièces d'habillement ont été distribuées.
1.180 fr. 55 ont représenté le secours *argent.*

Secours au Secrétariat

1888

MOIS	FEMMES ayant réclamé du secours	ARGENT	VÊTEMENTS	BONS
Janvier	95	56 30	131	191
Février	118	90 60	293	228
Mars	83	169 35	124	280
Avril	49	153 40	66	152
Mai	37	349 05	152	82
Juin	47	380 55	88	128
Juillet	54	377 60	48	113
Août	70	276 70	92	209
Septembre	65	337 60	35	172
Octobre	85	178 78	167	199
Novembre	87	250 30	66	278
Décembre	88		121	282
Total ...	898	2.620 15	1.377	2.234

La secrétaire fait chaque mois, au Conseil, un rapport qu'elle a d'abord soumis à la directrice, et qui indique le nombre de femmes qui se sont présentées au secrétariat ; les sommes en argent, la quantité de pièces d'habillement, de bons de pain, de bons de fourneaux qui ont été distribuées.

Ces rapports lus en séance, puis approuvés par le président et le secrétaire général sont ensuite transcrits sur un registre *ad hoc*; et, à chaque séance du Conseil, le trésorier présente la situation financière.

On remarquera que certains de ces chiffres deviennent, d'année en année, moins importants. Ce n'est pas que l'Œuvre fasse moins de bien; seulement ses services se transforment selon les étapes qu'elle parcourt. Autrefois, lorsqu'il n'était permis qu'en de rares circonstances d'entrer à la prison, tous les secours partaient du secrétariat, infiniment plus nombreux puisqu'il fallait pourvoir au logement, à la nourriture, à l'habillement des libérées jusqu'au moment où on leur avait trouvé du travail ou des ressources. Aujourd'hui, les patronées sont visitées à la prison. Par avance, on s'enquiert de leur situation, de leurs besoins; on prépare, pour celle-ci, le rapatriement; pour celle-là, le retour dans la famille; pour cette autre, une place dans une maison honnête. Autant de femmes pourvues à leur sortie de Saint-Lazare, autant de femmes que le secrétariat n'a plus à secourir. On le voit, cette faculté d'entrer à la prison a permis de réaliser une très notable économie. Toutefois, si les frais de secours ont diminué, les frais d'enquête se sont accrus. Il est juste de reconnaître cependant que les sommes dépensées pour la correspondance, les déplacements, les renseignements exigés par ce nouveau mode d'action, ne peuvent, en aucun cas, atteindre le chiffre jadis affecté à ce chapitre : *secours aux libérées*.

Nul ne saurait se rendre compte de la somme de bonne volonté et de travail qui se dépense au secrétariat s'il n'y a au moins passé quelque temps, soit le mardi et le vendredi de deux à quatre heures de l'après midi, soit les autres jours de huit à dix heures du matin. C'est quelquefois, dans une même journée, une protégée qu'il s'agit d'aller retirer du dépôt de la Préfecture de police; une pauvre veuve dont il faut vêtir les enfants, à qui il faut procurer du travail ; une libérée qu'il faut aller conduire au train, sa famille l'attendant au pays ; une malade ou une infirme pour laquelle il faut obtenir une place dans un hôpital ; je ne parle pas des lettres à écrire, du vestiaire à tenir en état. Pour être juste, il faut reconnaître que la bonne volonté et le travail au-dedans ont pour rivaux le travail et la bonne volonté au dehors. C'est ainsi que la Presse s'est faite l'écho fidèle du bien que notre œuvre réalise ; c'est ainsi que nombre de petites mains, dans les familles et dans les maisons d'éducation, s'exercent, au profit de la Société, à la confection d'objets de layette, voire même de vêtements de femmes et d'enfants.

Un jour, c'est M. le comte de Beaufort, fondateur et président de la Société de secours aux mutilés, qui offre une jambe de bois articulée à une fillette de seize ans, amputée d'une jambe depuis l'âge de dix-huit mois. Recueillie pendant deux mois à l'Asile, la pauvre enfant, dans la joie de ce cadeau, ne peut s'empêcher de s'écrier : — Et maintenant, j'ai mes deux jambes !

Une autre fois, c'est un éditeur en renom ou des auteurs connus qui complètent, par le don d'ouvrages utiles, la petite bibliothèque de l'Œuvre.

Un point indispensable à relever, c'est que la société de Saint-Lazare ne restreint pas son aide morale ou le secours argent aux seules libérées. Conformément à ce but nettement défini en ses statuts : « *assurer son patronage aux femmes en danger de se perdre,* » elle étend sa sollicitude à toutes les infortunes qui viennent à elle ou qu'elle-même découvre.

En voulons-nous la preuve ?

Ouvrons le livre d'enquêtes dont nous avons parlé déjà et jetons-y les yeux.

Au hasard, nous trouvons l'histoire d'une pauvre vieille qui, à soixante-dix-sept ans, après une existence toute de travail, se trouve aux prises avec le plus absolu dénûment, ses yeux ne lui permettant plus le gagne-pain dont elle a jusqu'alors vécu. La location de sa chambre, elle n'a pu la continuer. La voilà donc réduite à passer la nuit sur un banc des boulevards, l'estomac vide depuis deux jours. Néanmoins, elle essaye d'aller à la Seine pour y laver son tablier maculé de boue; mais, en se penchant, elle est tout à coup prise de vertige et tombe.

Des blanchisseuses la sauvent, une première fois, en la retirant de l'eau; une seconde fois, en l'adressant au secrétariat de l'Œuvre. Quelques jours plus tard, la brave vieille, grâce à l'intervention de la Société, était reçue à l'Asile de Villers-Cotterets.

Autre fait.

Une pauvre fille avait été amenée, en qualité de domestique, des Pyrénées-Orientales à Paris, par des personnes qui, ne la jugeant pas adroite à leur gré, ne trouvèrent rien de mieux, pour s'en débarrasser, que de l'accuser de vol.

La malheureuse ne sachant pas ou ne pouvant pas se défendre, fut condamnée.

On imagine aisément ce que la prison fit, en

peu de jours, de cette paysanne robuste et et fraîche.

Bref, son temps fini, elle fut gardée par l'Œuvre, temporairement, et, quand elle eut recouvré ses forces épuisées, seulement alors, on s'occupa de la rapatrier.

Relevons un cas de préservation raconté par M. Maxime du Camp dans la *Revue des Deux-Mondes* (1) :

Une ouvrière en confection, âgée de vingt-deux ans et qui a toujours vécu de son travail, a reçu d'une couturière une robe toute taillée qu'elle doit coudre et rendre à une époque déterminée. L'ouvrage promptement achevé, la jeune fille qui n'a pas d'argent mais qui compte en toucher bientôt, engage la robe au Mont de Piété, moyennant la somme de quatre francs. Mais voilà que le jour de la livraison arrive sans que l'ouvrière ait reçu la somme qu'elle attendait, sans qu'elle ait pu, par conséquent, retirer son nantissement. La pauvre fille pleure

(1) *L'Œuvre des libérées*. N° du 15 mars 1887.

et fait l'aveu de sa faute. Sur la plainte de la couturière, l'ouvrière est arrêtée et conduite au dépôt. Qu'une intervention officieuse agisse auprès de la patronne et la décide à retirer sa plainte, l'action qui n'a encore rien de judiciaire, cesse et l'imprudente est rendue à la liberté (1). Cette intervention, c'est l'Œuvre qui en prendra l'initiative, et c'est du secrétariat qu'elle se produira. Les négociations sont longues, difficiles. Qu'importe ! L'essentiel est d'envisager le but ! Enfin, la maîtresse couturière cède devant certains arguments plus éloquents souvent que la parole, et l'ouvrière, grâce à l'Œuvre, échappe à la promiscuité de la prison qui l'eût à tout jamais perdue. »

Un dernier fait, caractéristique, celui-là, des procédés, depuis dix ans, mis en valeur par la directrice actuelle de l'Œuvre :

Louise X..... se trouve, à vingt-trois ans, fille et mère. Cependant, le père, non tout à fait dépourvu de conscience, pense à faire

(1) Consulter les travaux de Raoul Lajoye, avocat à la cour d'appel ; la femme en prison, la loi du pardon, etc.

régulariser cette union. La mort malheureusement survient qui laisse le petit sans père reconnu. Louise n'est point complètement isolée cependant car un ami du défunt pourvoit aux frais de l'enterrement, lui avance à elle-même quelque argent, s'occupe de placer l'enfant.

Quelle part de volonté ou de défaillance préside à cette seconde union? Bien audacieux qui l'oserait dire. Mais, un second enfant vient au monde, sans état civil, lui non plus. Le père, certainement, ne s'est jamais demandé : « Serai-je à la hauteur de mon devoir ? » En réalité, la charge ne tarde pas à lui paraître lourde : on ne parle plus de mariage et, peu à peu, l'argent se fait rare dans la maison.

— Qu'allons-nous devenir? Comment ferai-je? sanglote la mère éplorée.

— Tu feras comme tu voudras, répond le père indifférent.

— C'est mal ce que tu dis là. Prends garde ! Je ferai un mauvais coup.

Enfin, le jour vient où la pauvre femme est

seule pour suffire aux dépenses. La nourrice, à qui elle doit trente francs, menace de rendre les petits.

« Renvoyez les enfants », écrit la mère affolée. Et, devant ses yeux rougis par les larmes, passent et repassent les fatales paroles : « Tu feras comme tu pourras. »

Les voilà auprès d'elle, les petits. Elle les a couchés, là, au long d'elle, dans le grand lit ; et ils dorment du paisible sommeil des inconscients. Mais, elle, la mère, repose-t-elle? Qu'est-ce que cela, à côté du lit ? Son dernier achat, du charbon.....

De bonne heure, le lendemain quelqu'un frappe à la porte. Alors, elle qui a cru pour toujours s'endormir, se réveille pourtant..... Elle va ouvrir, elle regarde autour d'elle... Un enfant est mort, l'autre vit encore et peut être sauvé.

La justice fait son œuvre et l'affaire passe devant les assises..Or, il arrive qu'un des jurés est membre de la société de Saint-Lazare. La situation l'intéresse et il aurait réussi à obtenir un verdict d'acquittement sans la déposition de la nourrice à qui Louise X..... reste devoir trente francs : « C'est une mauvaise mère » affirme la mégère. Et la malheureuse est condamnée.

Les jurés sans doute ont par la suite quelque remords, car ils rédigent un recours en grâce et font, en faveur de la condamnée, une quête qui rapporte cent francs.

Cependant, la directrice de l'Œuvre voit la jeune femme dans la prison, elle l'entretient... La détenue, d'abord fort réservée, devient, peu à peu, plus expansive et, bientôt, raconte toute sa pénible histoire.

— Puisque vous avez reçu un secours inespéré, il faut à présent payer votre dette, mon enfant.

— Payer cette femme ! Mais c'est elle qui est cause que je suis ici, que mon amant ne m'épousera pas (le jeune homme avait promis le mariage en cas d'acquittement) et que mon enfant restera aux Enfants Assistés. Non, non ! jamais elle n'aura un sou de moi. C'est une mauvaise femme !

— Mon enfant, les torts de cette femme n'empêchent pas que vous lui devez. Il faut toujours payer ce que l'on doit. Mais, tranquillisez-vous. Je ne suis pas venue ici pour vous tourmenter. J'irai voir le petit et je vous en apporterai des nouvelles. Voici ma carte. En la regardant, souvenez-vous de moi, et dites-vous que vous me rendrez bien heureuse si vous voulez suivre mon conseil.

Mais l'enfant, déjà, n'est plus aux Enfants Assistés, et lorsque la directrice retourne à la prison de Saint-Lazare, la prisonnière est partie pour une maison centrale.

La directrice, que rien ne peut jamais décourager, ne se tient pas pour battue. Elle écrit au directeur de la maison de Clermont. Ce dernier, homme de cœur, se montre tout disposé à participer à une bonne œuvre et voit la prisonnière. En apprenant que la dame de Saint-Lazare ne l'a point oubliée, Louis X... sent son cœur s'attendrir et elle dit au directeur :

« Prenez 30 fr. sur l'argent que je possède au greffe afin qu'il soit envoyé à la nourrice ;

seulement, je désire qu'il passe par les mains de cette dame afin qu'elle sache que, moi aussi, je me souviens. »

La cure morale entreprise se trouve heureusement aidée par les circonstances : peu après ce dernier incident, une lettre arrive du ministère qui annonce que la peine est remise de trois ans.

Mais quelque chose reste à faire encore. En effet, la directrice voit le jeune père, au demeurant plus léger que méchant. Elle lui parle, l'interroge... Il épousera Louise, dit-il, à sa sortie de prison. En attendant, il est allé chercher l'enfant et s'en est chargé.

— C'est assez que la mère souffre, fait-il, quand c'est moi qui suis le coupable.

— Eh bien, répond Mme Bogelot, ce n'est pas à sa sortie de prison, c'est tout de suite qu'il faut l'épouser.

Et le mariage a lieu dans la prison, le directeur de la maison de Clermont servant de premier témoin, Mmes de Barrau et Isabelle Bogelot remplaçant la famille absente.

Remarquons-le, il ne s'agit plus ici d'une, mais de trois existences rendues à la vie sociale, sans parler de celles qui, dans l'avenir, sont appelées à ressentir le contre-coup du bien réalisé.

III

ASILES TEMPORAIRES. — DE LEUR BUT. — DE LEUR ORGANISATION.

III

Asiles temporaires. — De leur but. — De leur organisation.

A double titre, l'entrée à St-Lazare, marque une étape dans le but poursuivi et, peu à peu, réalisé par l'Œuvre; car, non seulement, elle vaut à la prisonnière le patronage anticipé, mais elle vaut, à l'enfant, la protection et la vie dans la famille au lieu de la vie dans la prison.

Représentez-vous un de ces petits êtres qui, non moins que les plantes, ont besoin d'air pur et de soleil, emprisonné pour des semaines, des jours, des mois, entre ces hautes murailles toute noires qui s'appellent St-Lazare.

« De l'air! ah! comme c'est bon de l'air! » faisait un jour l'un d'eux à sa sortie de la prison. Et puis, quelles visions pour l'avenir! le cerveau, à cet âge, gardant certaines empreintes aussi fidèlement que la plus fidèle plaque photographique. A côté du bien-être, au point de vue strict de l'enfant, une autre considération devait appeler l'attention : une des plus lourdes charges qui pèsent sur la détenue à la sortie de la prison, c'est l'obligation de subvenir aux besoins de ses enfants. Le petit auprès d'elle l'empêche de se placer, ne permet pas le travail à l'atelier ou bien, en absorbant tous ses gages, il replonge la mère dans la misère et par suite dans le vice. Certes, des institutions existent qui se chargent des jeunes enfants; mais la plupart sont payantes; et, d'ailleurs, payantes ou non, elles se refusent souvent à recueillir les enfants des condamnées.

Cette situation, en même temps que cette suprême injustice « faire expier aux enfants le crime dont sont accusées les mères » devaient soulever l'âme généreuse de Mme Bogelot et, en apitoyant son cœur, intéresser son esprit. « Donnez-moi l'autorisation nécessaire, disait-elle en 1883, aux membres assemblés du conseil et, je vous l'affirme, l'Œuvre qui protège les mères ne verra pas ses ressources diminuer par la protection des enfants (1).. »

Et le Conseil s'en rapporta à l'initiative de la vaillante femme; et, peu après, à l'unanimité, il acclamait le projet présenté et décidait la fondation, à Boulogne-sur-Seine, d'un *asile temporaire et de convalescence* pour les enfants des prévenues, des condamnées ou des libérées. Le sauvetage de l'enfance, de ce jour, passait dans le domaine du fait.

Mme Bogelot, en fondant ce premier asile, semble avoir voulu mettre en pratique cette pensée de Mme de Barrau, remarque Mme de Morsier dans son beau discours à l'assemblée générale de 1884 : « Faire épanouir dans l'être « la puissance de comprendre, de comparer « et enfin de choisir; le mettre ensuite en face « de ses devoirs ou plutôt les lui laisser dis- « cerner lui-même, toute la théorie du déve-

(1) Voir *Bulletin* de mars 1884.

« loppement normal de l'*être humain* intellec-
« tuel et moral est dans l'application de ces
« principes. »

Non moins vraisemblablement, on pourrait supposer que Mme Bogelot se soit inspirée des conclusions de Mme Emilie Bowell-Sturge dans son rapport sur l'éducation des enfants abandonnés en Angleterre, au Congrès d'hygiène de la Haye : « Il me semble, dit-elle, que notre
« véritable but devrait être de placer les enfants
« sans famille dans les conditions où la nature
« les aurait placés si les hommes, de leur côté,
« n'avaient pas tant travaillé dans le sens
« opposé. Que nous offre-t-elle, la nature,
« pour nos enfants ? Quels sont ses dons ? Le
« soleil, le grand air, la vie des champs, la
« joie du libre mouvement, l'éducation de
« l'esprit et du cœur par les relations avec les
« animaux, les oiseaux, les plantes, et, comme
« couronnement de tout, les relations de
« famille. »

Et, en effet, constate encore Mme de Morsier,
« il n'a pas été question de créer à Billancourt

« une de ces casernes bien distribuées dans « lesquelles on enferme une catégorie d'êtres « humains classés, étiquetés et numérotés « comme des insectes dans une collection, et « où les cœurs et les consciences doivent tous « passer par le même moule, dussent-ils y « étouffer et en mourir.

« La fondatrice de l'asile s'est dit que, puis-« que toute chose dans la nature croît et s'épa-« nouit chacune selon sa loi, pourvu que le « grand soleil l'éclaire et la réchauffe, de même « les âmes se développeront et se fortifieront « chacune en suivant sa voie, pourvu que la « bonté les enveloppe et les illumine de ses « rayons. »

Et ce premier asile et l'autre qu'il a fallu créer ensuite, ont été installés sur une voie large ouverte, celle-là même qui conduit de Paris à Sèvres. Modestes sont les deux maisonnettes, mais entourées de jardins et ayant, au loin, pour horizon, la ligne verdoyante et onduleuse de collines de Bellevue et de Meudon.

Une mère de famille, une veuve, ayant avec elle son fils unique, un enfant de onze ans, dirige l'un de ces deux asiles, celui où l'on recueille plus particulièrement les enfants. Car, il faut bien le dire, l'asile n'a pas tardé à cesser d'être le privilège des petits ; il est devenu au bout de peu de temps, une maison hospitalière ouverte aux anémiées et à toutes ces malheureuses dont le sauvetage, pour quelque raison que ce soit, n'a pu être qu'ébauché pendant le temps de la prison.

Une fille, soutien de sa vieille mère, dirige le second asile plus spécialement occupé par des femmes.

Logées, éclairées, chauffées, les directrices de ces petits asiles reçoivent 1 fr. 50 par jour et par pensionnaire adulte. La pension des enfants est de 1 fr. Malgré ce prix modique, la nourriture est bonne et représente celle d'un bon ordinaire de famille. Les pensionnaires femmes ou filles aident au ménage, raccommodent leurs vêtements, vont à la recherche d'un travail ou d'une place si leur état de santé le permet. En général, leur conduite est bonne, régulière — je ne parle pas des femmes qui boivent et que rarement l'on peut garder — témoin cette réponse faite par M. Liot, le maire de Boulogne-Billancourt, à M. Maxime du Camp (1) qui le questionnait à ce sujet :

« Jamais, elles n'ont donné lieu à aucune « plainte. Je les aide, lorsqu'il y a lieu, en leur « accordant des bons de pain, de viande, de « chauffage ; des bons de lait, si elles ont des « enfants ; c'est à cela que se borne mon inter- « vention, car, je vous le répète, non seule- « ment, je n'ai pas à sévir, mais je n'ai même « pas eu d'observation à adresser à une seule « d'entre elles. »

En réalité, un certain nombre ont trouvé à se placer dans le pays et sont devenues de sérieuses travailleuses et de fidèles domestiques. Beaucoup même, et de celles qui sont placées au loin, n'oublient pas le séjour à l'asile et témoignent de la vie heureuse qu'elles

(1) *Revue des Deux-Mondes* : 15 mars 1887.

y ont trouvée par l'expression renouvelée de la plus touchante reconnaissance.

Mais, si les femmes paraissent heureuses dans ces asiles où les visages sont gais, la nourriture et le lit assurés, la vie saine et reposante pour l'esprit comme pour le corps, combien davantage semblent l'être les enfants! C'est peut-être, après tout, qu'ils le montrent plus naïvement!

A ce sujet, une gardienne, un jour, disait:

« Ici, les femmes sont meilleures dès que « le jour tombe; les enfants deviennent plus « tendres dès que la nuit approche. En entrant « dans son lit, une fillette de huit ans qui en « paraissait cinq, tant elle était chétive et « maigriotte, Sidonie B... (1) me prenait par « le cou, et en pleurant, chaque soir, me disait: « Que je vous aime, Mademoiselle, et que mon « petit lit est bon! »

(1) L'enfant a été, par la suite, placée par l'Assistance publique, chez de braves cultivateurs. Elle-même écrivait, en mars dernier, à la directrice de l'Œuvre, pour remercier de joujoux qu'on lui avait envoyés et dire qu'elle était heureuse et se souvenait de son passage à l'asile.

Cette enfant n'avait plus de mère et le père se mourait de la poitrine à l'hôpital. On lui conduisit la fillette afin qu'avant de mourir il pût la placer aux enfants moralement abandonnés. Là, tout près de son père, elle lui disait, les yeux pleins de larmes : « J'avais un si bon petit lit, là-bas. »

Un petit garçon, depuis quelque temps à l'asile, disait un jour à sa gardienne :

— Comment veux-tu que je ne sois pas heureux ? Je suis couvé en dedans et en dehors.

Voulait-il entendre qu'il était soigné physiquement et intellectuellement ? car la gardienne elle-même lui apprenait à lire et il tenait beaucoup à ses leçons ; ou voulait-il simplement parler des soins qu'on avait de lui dans la maison et hors de la maison ? Bien malin qui démêlera ce qui se passe dans ces petits cerveaux !

Cette idée des petits asiles temporaires ne pouvait manquer de faire son chemin.

En effet, le Conseil de la Société « l'Assistance paternelle aux enfants employés dans les fabriques de fleurs et de plumes », dans sa séance générale du 24 novembre 1885, remercie publiquement Mme Bogelot de lui permettre, par ses conseils et par l'expérience qu'elle a déjà acquise, de hâter l'application d'une mesure désirable.

Cette mesure, c'est la création de petits groupes de famille de cinq à six enfants, permettant aux parents ayant peu de ressources de placer leurs enfants. Cette création rendait en même temps, pour la Société, le recrutement des apprentis plus facile.

En 1888, l'Œuvre du sauvetage de l'enfance, dont le président est M. Jules Simon, se fondait, prenant pour base le système des asiles temporaires de Billancourt. (1)

Enfin, la même idée traverse la frontière et est préconisée en Hollande par les soins de Mmes de Klerck et de Hogendorp.

Devant ce chemin que parcourt une idée

(1) Pour plus de détails, voir la brochure : *du patronage des libérées* par G. Bogelot. Editeur : Georges Carré, 58, rue St-André-des-Arts.

envers et contre tous les obstacles, nous avons lieu d'espérer, avec Mme de Morsier, qu'un jour viendra où « à la place de ces remparts « qui entourent Paris comme un souvenir des « temps néfastes, nous verrons une guirlande « de maisonnettes et de jardins qui parleront « de paix, de joie, d'amour. Et lorsque les « étrangers qui arrivent dans nos murs diront : « qu'est-ce que cela ? nous répondrons avec « fierté : « Ce sont les seuls remparts de no- « tre ville, les maisons de famille des femmes « et des enfants de l'humanité. »

Journées de présence aux Asiles

1888

Asile 1 : — 117, route de Versailles }
Asile 2 : — Boulevard de Strasbourg } Billancourt

Janvier	N° 1...... 60	N° 2...... 55	118
Février	.... 82 1/2	.... 90 1/2	173
Mars	 51	 30	81
Avril	 92	.... 56 1/2	148 1/2
Mai	.... 117 1/2	 68	185
Juin	 59	 91	160
Juillet	 111	.... 114 1/2	225 1/2
Août	.... 101 1/2	.... 88 1/2	190
Septembre	 31		31
Octobre	.... 74 1/2	 55	129 1/2
Novembre	 48	 28	76 1/2
Décembre	 27	 95	123
		Total......	1,628

Lits : — 6 + 3 6 + 3

Asile n° 1 6 grands lits et 3 lits d'enfants
Asile n° 2 6 grands lits et 3 lits d'enfants

12 grands lits et 6 lits d'enfants

A la fin de chaque mois, les directrices d'asiles remettent au Secrétariat le compte rendu détaillé des faits et des dépenses concernant l'asile qui leur est confié. La directrice complète ces sortes de petits rapports en y ajoutant les résultats moraux relatifs au placement des femmes et des enfants.

IV

DU PATRONAGE. — SOLIDARITÉ DES ŒUVRES DE PATRONAGE. — SOLIDARITÉ INTERNATIONALE

IV

Du patronage. — Solidarité des œuvres de patronage. — Solidarité internationale.

La fondatrice de l'Œuvre des Libérées, Mlle Michel de Grandpré, habitant avec son oncle, l'abbé Michel, avait remarqué que certaines détenues — celles-là surtout dont la conduite à la prison permettait de présager l'amendement futur — devenaient de plus en plus tristes, au fur et à mesure qu'approchait, pour elles, le jour de la libération. Etonnée, Mlle de Grandpré chercha à pénétrer la raison de ce fait; et elle découvrit que les malheureuses femmes, loin de la souhaiter, redoutaient une délivrance qui devait avoir pour premier effet de les rendre à la misère, et, comme conséquence, au vice et à la prostitution.

C'est alors que l'idée lui vint de fonder l'Œuvre des Libérées.

Mais le secours immédiat, s'il est un palliatif, n'est point un remède ; aussi, l'Œuvre de Saint Lazare, après s'être donné pour premier devoir le soulagement de la femme à la sortie de la prison, a-t-elle inscrit à son programme ces deux mots : *préservation* et *relèvement*, synonymes de patronage.

Le patronage, c'est-à-dire l'aide matérielle et morale à la femme libérée tant qu'elle lui peut être utile, voilà ce qui importe. Nous n'appuierons pas sur la nécessité du patronage au double point de vue de l'individu libéré et de la société. Cette nécessité est toute entière démontrée, d'ailleurs, dans cette réponse que fit, un jour, un condamné à son juge :

— C'est fatal, voyez-vous ! On est condamné, on subit « son temps » et on est repoussé. Alors, quoi ! On fait mal encore. Et on n'est sorti de prison que pour y rentrer. »

Nous pourrions dire que le patronage exercé par l'Œuvre de St-Lazare est de deux sortes :

— le patronage temporaire, pratiqué aux petits asiles, en opposition avec celui des administrations et des grandes agglomérations; le patronage permanent qui ressort de la *Solidarité des Œuvres*, idée belle, grande, généreuse qui, tous les jours, mise en pratique, donne des résultats véritablement merveilleux. .

Un fait facile à constater, mais par malheur trop ignoré, c'est que Paris renferme des sociétés qui — à défaut d'une meilleure organisation sociale — pourraient aider le malheureux depuis sa naissance jusqu'à sa mort si elles lui étaient connues, la collectivité pouvant réaliser ce que l'individu ne peut à lui seul. Mais, la plupart du temps, ces sociétés vivent isolées, ne rayonnant pas au-delà d'un étroit horizon, heureux encore quand elles n'accusent pas le plus fâcheux antagonisme avec des sociétés voisines.

Mme Isabelle Bogelot a observé cela et elle s'est demandé pourquoi chacun ne ferait pas profiter son voisin du bien qu'il a réalisé; pourquoi chacun végéterait, solitaire, défendu par sa vanité, sa méfiance, son égoïsme, au lieu de vivre la large vie sociale résumée en ces seuls mots : chacun pour tous, tous pour chacun; pourquoi enfin la solidarité des Œuvres ne se pratiquerait pas tout comme se pratique la solidarité des individus.

Et, cette fois comme les autres, elle a donné un corps à son idée, si bien qu'à cette heure la solidarité des œuvres est un fait acquis, palpable, dont on ne peut que constater les heureux résultats.

Ainsi, dans l'ordre correspondant aux diverses étapes de la vie humaine : enfance, âge adulte, vieillesse, nous trouvons, parmi les sociétés dont l'Œuvre des Libérées s'est assurée le concours efficace :

1° *La Maternité* qui reçoit les femmes prêtes à accoucher et prend soin de l'enfant à l'heure de sa naissance.

2° *L'Asile de l'avenue du Maine* (Société philanthropique) où les femmes relevant de couches vont achever de se rétablir.

3° *L'Allaitement maternel* (1) (Mme Léon Béquet, née de Vienne, présidente) qui procure aux mères pauvres les secours grâce auxquels elle pourra garder son enfant à la maison et l'allaiter elle-même.

5° *Berck* où l'Œuvre, par ses démarches, obtient l'admission d'enfants atteints de scrofule et qui, soignés à temps, reviennent à la santé.

5° *L'Œuvre de Mlle des Courcières* qui reçoit gratuitement des fillettes abandonnées.

6° *L'Enfance abandonnée*, (M. Bonjean, président) qui, en 1886, par exemple, a bien voulu admettre, à la recommandation de l'Œuvre, une jeune fillette au nombre de ses pupilles.

7° *L'Œuvre du travail d'Auteuil* qui place à l'étranger ou reçoit en apprentissage des femmes et des filles spécialement recommandées par l'Œuvre des Libérées.

(1) « Mme de Barrau, directrice de l'Œuvre des libérées et Mme Isabelle Bogelot nous ont propose une entente cordiale qui, dans différentes occasions, pourra rendre de grands services aux protégées des deux œuvres », lit-on dans le rapport du 6 juillet 1886 de la Société de l'allaitement maternel.

8° *L'Asile de nuit de la rue St-Jacques* et celui de *la rue Labat* (Société philanthropique) qui reçoivent les femmes envoyées par l'Œuvre (1).

9° *Villers-Cotterets*, qui sert de refuge aux femmes qui n'ont plus la force de travailler.

Aller « au château » où elles ont le logis, la nourriture, l'entretien ; où elles ont l'autorisation, deux fois la semaine, de faire de longues promenades, est l'idéal pour ces pauvres déshéritées. En 1885, dix femmes âgées ont été aux Incurables, à la Salpêtrière et à Villers-Cotterets ; en 1886, dix-huit femmes ont été reçues à Villers-Cotterets. Ainsi donc, l'Œuvre des Libérées vient en aide au malheureux dès le berceau, (séjour à la maternité) le protège pendant sa vie et le console à sa dernière heure en lui facilitant son entrée dans *une maison de retraite*.

(1) Moyennant un mot de la directrice de l'Œuvre, les femmes sont hospitalisées dans ces asiles jusqu'à ce qu'elles aient trouvé une place. Elles sont nourries, pendant ce temps, au moyen de bons fournis par l'œuvre des libérées.

Déjà, en 1884, le secrétaire général M. Mansais, grâce à l'application de ce système, avait pu dire : « nous sommes désormais en relations excellentes avec l'armée entière du bien et notre ambition est de lui fournir beaucoup de sujets arrachés sans retour à l'armée du vice. » Après quelques années, nous pouvons le dire, le nombre est devenu légion.

Le patronat, d'ailleurs, a bientôt cessé de se restreindre aux limites de Paris. A ce sujet, nous lisons dans le *Bulletin* de l'Œuvre, de l'année 1887 : « cette année nous avons établi des liens de solidarité avec des sociétés de patronage et des maires de province. Dans plusieurs villes ils nous ont fourni des renseignements sur l'honorabilité des familles de nos protégées, et, grâce à leur concours actif, des situations de libérées se sont améliorées. Nous avons pu, par eux, connaître l'origine de certaines fautes et y porter remède. » A l'appui de cette assertion, nous citerons le fait suivant :

F. P*** qui vient de passer deux ans dans la

maison de Clermont (Oise), est adressée à l'Œuvre par le Directeur de cette prison.

F*** a dix-neuf ans. Elle est fille de saltimbanques. C'est une nature sauvage mais honnête au point de vue des mœurs. Agacée dans une des nombreuses étapes de sa vie ambulante, par un gas de village à l'humeur trop galante, la pauvre fille menace de « cogner » s'il continue. L'autre continue. Alors, F*** cogne avec ce qui lui tombe sous la main et le garçon tombe raide mort. Aussitôt, arrestation, condamnation, prison. Quant à la famille, elle avait fui de crainte de se voir impliquée dans l'affaire.

Sortie de Clermont avec une masse de cinquante-quatre francs, la malheureuse retrouve à la gare une compagne de prison libérée de la veille, qui, pour le prix de sa masse (54 fr.), lui achète... un jersey pouvant valoir 3 fr. 50. En réalité, la jeune fille n'a aucune idée de la valeur de l'argent : Elle est incapable d'échanger, pour de la monnaie, une pièce de 5 francs.

Malgré cela, elle réussit à se présenter au secrétariat d'où on la conduisit à l'asile. Elle y resta le temps de se dégrossir un peu ; puis l'Œuvre la plaça à l'Hospitalité du travail d'Auteuil où elle fait l'apprentissage du métier de blanchisseuse. F*** ne pouvant donner l'adresse de ses parents dont elle n'avait plus jamais eu de nouvelles, indique celle de son parrain auquel la secrétaire écrivit aussitôt ; mais le parrain ne sait pas davantage où sont les parents. Quant à s'occuper de sa filleule, il le veut bien faire, de loin ; mais il ne veut pas qu'on suppose qu'il pourra, un jour, se charger d'elle, car il la croit perdue et trop âgée pour revenir au bien. F*** eût été perdue, en effet, si l'Œuvre n'avait été là pour la secourir.

Alors qu'au Moyen-âge et longtemps par la suite, la justice humaine inconsciente de la part des responsabilités qui incombent au coupable et à la société, ne s'attachait qu'à retrancher de cette dernière celui ou celle qui avait commis une faute, nous voyons aujourd'hui les mesures défensives peu à peu prendre la place des mesures offensives et, dans des assemblées plénières, comme le congrès de Rome en 1885 (1), une majorité acclamer et adopter des résolutions qui sont la base même du système de préservation et de relèvement mis en pratique par l'Œuvre de Saint-Lazare : « Les visites aux détenus faites par des membres de sociétés de patronage ou, à leur défaut, d'associations de bienfaisance, mais étrangères à l'administration, doivent être autorisées et encouragées, sous réserve de l'observation du règlement et de façon à éviter toute dualité d'influence ou d'autorité.

L'entrevue du visiteur avec le détenu doit être, autant que possible, libre, sans la présence d'un gardien. »

A ce même congrès, M. le conseiller Fuchs (du grand-duché de Bade) demandait :

1° Qu'il soit établi des refuges pour les détenus libérés dans chaque pays suivant les besoins ;

(1) Mmes de Barrau et Bogelot invitées par le ministère de l'Intérieur et déléguées par le Conseil de l'œuvre, ont assisté au 3e Congrès pénitentiaire, tenu à Rome en 1885.

2° Que les gouvernements favorisent la création et le développement de ces maisons ;

3° Que l'organisation et la direction de ces établissements proviennent de l'initiative et de la bienfaisance privées ; toutefois l'Etat ainsi que les corporations municipales doivent, dans l'intérêt public, accorder à ces institutions de larges encouragements ;

4° Que ces refuges n'aient qu'un caractère essentiellement transitoire et que leur régime soit de nature à faciliter la rentrée des libérés dans la société. »

Ces conclusions, on le voit, préconisent le système des petits asiles et des refuges temporaires adoptés par l'œuvre des Libérées ; malheureusement, le congrès a cru devoir les rejeter (1). Toutefois, une minorité favorable à cette idée nous laisse supposer que le quatrième congrès pénitentiaire nous donnera satisfaction sous ce rapport. (2)

(1) Voir le *Bulletin des prisons* : avril 1889.

(2) Le quatrième congrès pénitentiaire sera tenu à Saint-Pétersbourg, en 1890.

La présence de ces deux vaillantes femmes au congrès pénitentiaire de Rome nous remet en mémoire ces paroles du prince Pierre Kropotkine aux femmes d'Amérique réunies en congrès au mois de mai 1888, à Washington.

« Luttez, dit-il en parlant de la femme, luttez pour son émancipation ; mais sachez que vous y arriverez seulement en travaillant à celle de l'humanité toute entière. »

En réalité, le programme enfermé en ces quelques lignes a été celui que l'Œuvre n'a cessé de poursuivre ; aussi, ne marche-t-elle plus isolée : dès maintenant, elle rentre dans le cadre des grandes fondations philanthropiques qui se sont créées et développées au cours de ce siècle. En s'occupant de l'enfant, elle prépare l'avenir ; en protégeant la femme, elle répare le passé ; en obtenant la « décentralisation de la prison de Saint-Lazare », elle abroge une injuste loi d'exception ; en allant défendre dans un Congrès international, ses idées de progrès au point de vue pénitentiaire, elle démontre que les questions sociales ne lui sont ni indifférentes ni étrangères ; en intéressant à elle la Presse, les autres Sociétés philanthropiques, les grandes Administrations, les Nations voisines et jusqu'au Nouveau-Monde (Congrès de Washington) (1), elle fait acte d'existence dans le concert universel où elle a pris rang, d'ailleurs, depuis le décret du 26 janvier 1885 qui l'a reconnue d'utilité publique.

(1) Mme Isabelle Bogelot, directrice, a été déléguée par l'Œuvre des Libérées au Congrès des femmes, en mars 1888, à Washington.

V

RÉPONSES A QUELQUES OBJECTIONS

V

Réponses à quelques objections

— *Pourquoi s'occuper de ces femmes? Est-ce qu'elles ne sont pas toutes corrompues jusqu'à la moëlle, perdues sans espoir de retour?*

— Si nous en croyons Mme de Barrau (1), nous distinguerons, avec elle, deux sortes d'inconduite : celle de la jeune fille qui descend « d'emblée au fond du bourbier et qui entre « de plein pied et sans transition dans la pros- « titution, c'est cette infortunée qui va ou qui « ira à la dernière section de Saint-Lazare « dès l'âge de 16 ans et il est à craindre qu'elle

(1) Rapport présenté au Congrès de Londres à propos de l'Œuvre des Libérées de Saint-Lazare : séance du 1er juillet 1886.

« soit, celle-là, à tout jamais perdue ; puis celle « de la femme qui n'arrive au fond du vice que « pas à pas et par degrés, — la séduction et « l'abandon commençant sa lamentable histoire. « Devenue mère, elle ne peut fournir aux « besoins de son enfant avec les seules res- « sources d'un travail misérablement rétribué ; « alors elle perd le peu de scrupules qui lui « restent ; elle remplace le premier séducteur « par un autre et souvent par plusieurs et elle « descend peu à peu dans l'abîme ; on trouve « ces pauvres délaissées à la première section « aussi bien qu'à la seconde et *c'est là qu'une « main secourable peut les arrêter sur la « pente.* »

Je ne parle pas des malheureuses qu'une méprise a conduites au Dépôt ou à la prison ou de celles-là encore qui ont été arrêtées sous des inculpations sans gravité. Ces dernières, le plus souvent, sont adressées à l'Œuvre par le petit parquet, et, après quelques démarches, rentrent dans la Société sans avoir passé par le Dépôt ou la prison qui les auraient perdues.

Quant aux premières, n'existerait-il qu'un cas de ce genre, de ci et de là, à relever, encore faut-il en bonne justice qu'on y pourvoie !

En 1882, onze cents libérées ont été secourues par l'Œuvre ; en 1883, ce chiffre s'est élevé à 1,224 ; enfin, en 1884, il était de 2,400.

L'Œuvre, certainement, ne saurait se flatter que toutes les femmes qu'elle a secourues soient rentrées dans la voie droite et y aient persévéré ; cependant, les faits, maintes fois, sont venus prouver que son aide matérielle ou morale n'avait pas été inutile.

— Mais, *par quels moyens*, objecte-t-on souvent, *l'Œuvre peut-elle arriver à des résultats aussi sérieux avec un budget aussi modeste*?

C'est que le secours argent n'est pas le plus essentiel pour la libérée : les démarches, les conseils, le travail sont des moyens d'action infiniment plus efficaces. L'Œuvre a compris cela. Ainsi, elle fournit à la libérée les premiers secours ; puis, si elle ne peut la recevoir dans l'un ou l'autre de ses asiles, elle s'adresse à d'autres Œuvres ouvertes aux malheureuses sans domicile et avec lesquelles elle a eu soin de se mettre d'accord. En s'appuyant sur le principe de *la solidarité* des Œuvres. la société de Saint-Lazare est donc arrivée à résoudre ce difficile problème : réaliser la plus grande somme de bien en dépensant le moins d'argent possible.

— Au résumé, disait un jour un statisticien à l'un des membres de l'Œuvre, *combien comptez-vous de patronnées hors de peine dans le courant d'une année? A combien vous revient un patronage? Et pouvez-vous suivre la patronnée, savoir ce qu'elle devient?*

A la première de ces questions, les chiffres eux-mêmes se chargeront de répondre. Nous ne relèverons que ceux des quatre dernières années.

En 1885, le nombre des femmes secourues est de 2,195 ; en 1886, il est de 1,412 ; en 1887, il descend à 897 ; en 1888, il reste à peu près égal : 898. Si ces chiffres décroissent d'année en année, c'est à cause du grand nombre de jeunes femmes secourues à la sortie du Dépôt ou de Saint-Lazare sans qu'elles aient besoin de passer par le secrétariat.

La seconde question est moins facile à résoudre.

S'il s'agissait de patronage permanent, c'est-à-dire d'un grand établissement où seraient hospitalisées pour des semaines, des mois ou des années, de nombreuses pensionnaires, on pourrait et on devrait établir un prix de revient par jour et par tête ; mais il n'en peut pas être de même quand il s'agit d'une œuvre qui s'occupe de cas individuels qu'elle prend un par un dans le dessein de les conduire à bonne fin.

Tel patronage, tel sauvetage ne coûtera presque rien : quelques ports de lettre, quelques démarches de la part de la directrice, d'une dame patronesse ou de la secrétaire. En revanche, tel autre cas nécessitera des dépenses relativement importantes : c'est un terme à payer pour empêcher qu'un propriétaire vende un mobilier ; c'est une machine à coudre sur laquelle il est redû certaines petites sommes, faute desquelles on la reprendra ; c'est une femme avec un ou plusieurs enfants qu'il faut garder quelques semaines à l'asile en attendant une place promise ; ce sont enfin d'anciennes patronnées qui, au bout d'un ou deux ans, reviennent solliciter un secours sans lequel elles courent le risque de retomber.

Comment établir, en ces cas, une moyenne et que signifierait-elle? Cinq francs, dix francs, moins encore ont suffi au sauvetage de celle-ci ; le sauvetage de celle-là, au contraire, peut coûter plusieurs centaines de francs. En réalité, une seule chose importe : le sauvetage en lui-même, c'est-à-dire le retour de la libérée à la vie normale. Ne pas poursuivre un sauvetage parce que telle patronnée aurait reçu la part qui lui est attribuée, — je veux dire la moyenne qui lui est due — serait s'exposer à perdre le fruit de la dépense et des efforts faits jusque-là. Le Conseil de l'Œuvre n'a eu jusqu'à ce jour qu'une seule préoccupation : faire face d'abord aux dépenses fixes, faire ensuite avec le surplus autant de bien qu'il est possible.

Si cependant quelques chiffres peuvent sembler utiles, nous trouvons que la moyenne approximative des journées de présence aux asiles est d'environ 120 à 130 par mois et par asile, soit 250 par mois pour les deux asiles, soit 3,000 journées par an. Nous trouvons, d'autre part, que la dépense, en aucun cas, ne dépasse 1 fr. 75 et 1 fr. 80 par jour et par tête.

Ce chiffre est élevé, remarquera-t-on, si on le compare à celui des grands établissements permanents qui ne va pas au-delà de 0 fr. 75 à 0 fr. 90 par jour et par tête.

N'oublions pas qu'il s'agit, dans notre cas, de petits asiles, de groupes systématiquement restreints, n'achetant qu'au détail ; de secours appropriés suivant les circonstances et souvent différents selon les individus. N'oublions pas encore que l'œuvre ne considère que le but à réaliser : le sauvetage, c'est-à-dire la réhabilitation de la femme, aussi entière, aussi complète que possible.

N'oublions pas enfin que nombre de sauvetages s'effectuent sans le passage aux asiles, dès la sortie de la prison ou les premières visites au secrétariat.

Pour être équitable, il faudrait réunir ces cas à ceux que nous comptons dans les asiles. Alors, on verrait la moyenne des dépenses par tête tomber au-dessous même des chiffres que nous venons de citer.

Ce qu'il sera toujours impossible de relever et d'exprimer par aucun chiffre, c'est le travail incessant de la directrice, de la secrétaire, des dames patronesses, des gardiennes d'asiles dont les démarches, les visites, les conseils, les correspondances représentent un labeur que ne compenseraient pas de grosses sommes d'argent.

Là, est la caractéristique de cette Œuvre qui fait plus encore par le travail de ceux qui la dirigent que par la puissance de l'argent.

Ajoutons que la considération que l'Œuvre s'est acquise par son fonctionnement si simple et si intéressant lui a attiré et conservé la sympathie et le concours de certaines grandes administrations ainsi que celui d'autres Œuvres qui s'empressent de l'aider en s'intéressant aux femmes que la Société des Libérées de Saint-Lazare leur recommande, ce qui rend plus facile à cette dernière la réalisation de ce programme : faire beaucoup de bien avec le moins d'argent possible.

Toutes les fois qu'elle le peut, l'Œuvre suit la patronnée et sait ce qu'elle devient. Reconnaissons, cependant, à la louange de la patronnée que c'est elle, le plus souvent qui, d'elle-même, revient vers l'Œuvre si elle n'est pas loin, écrit pour donner de ses nouvelles soit à la directrice soit aux gardiennes d'asiles si elle est éloignée. Une lettre toute de reconnaissance, après un ou deux ans quelquefois, arrive à l'adresse de la directrice ou d'une gardienne d'asile et qui témoigne du bien réalisé, ou c'est encore la petite somme qui a aidé au sauvetage qu'on retourne à l'Œuvre avec des remerciements pleins d'effusion : ce cas est moins rare qu'on le pourrait supposer.

Si l'un de nos bons écrivains a pu dire, avec

quelque vérité : « Certains hommes de talent n'ont pu sortir de la bohême faute d'une chemise et d'un chapeau de soie », (1) de combien de femmes pourrait-on dire : elles n'ont pu revenir à la vie normale faute d'un vêtement convenable. « C'est que la femme plus encore que l'homme est sensible à ces choses extérieures, et il est rare qu'elle soit dépravée au point que plus rien ne l'émeuve : elle est très souvent plus malheureuse que dépravée. Or, ce vêtement en apparence insignifiant et que l'Œuvre tient à sa disposition, est pour elle synonyme de relèvement, réhabilitation ; et, sans se le formuler à elle-même, elle sent cela. De là, ces témoignages de reconnaissance, ces retours vers l'Œuvre comme pour la confirmer davantage de sa nécessité d'être.

— Mais, objectera quelque sceptique, *que nous fait l'individu? la collectivité seule importe.*

— Remarquons d'abord que la collectivité n'existerait pas sans l'individu ; reconnaissons

(1) Jules Vallès : *les Réfractaires.*

ensuite qu'empêcher l'individu de nuire à la collectivité c'est travailler au profit de la collectivité elle-même. L'Œuvre, d'ailleurs, en mille circonstances, a prouvé qu'elle n'a point de limites fixes à son programme. Sans parler des progrès de détail, peu à peu réalisés depuis dix-huit ans, n'est-ce point grâce à la continuité de ses efforts que la prison de Saint-Lazare, vraie Bastille morale, vient d'être décentralisée, et cela, juste un siècle après la destruction de la vieille Bastille, à la veille de ce centenaire qui a pour objet de fêter l'œuvre de progrès accompli depuis cette date mémorable? Cette décentralisation de la prison de Saint-Lazare, pour être un acte de tardive justice, n'en est pas moins un grand succès pour *l'œuvre des libérées* en même temps qu'un grand triomphe pour la cause de la femme, partant pour la cause de l'humanité tout entière qui n'atteindra au desideratum de ses vœux qu'autant que l'homme et la femme marcheront, d'un pas égal, dans une même voie de conciliation et de progrès.

FIN

ALENÇON. — IMPRIMERIE F. GUY.

www.ingramcontent.com/pod-product-compliance
Lightning Source LLC
LaVergne TN
LVHW020406230826
846091LV00004B/1166
* 9 7 8 2 0 1 2 8 3 7 5 6 0 *